Imene DJABALLAH
Lakhdar BELDI

MEURTRE A EL-HASSAKE

Imene DJABALLAH
Lakhdar BELDI

MEURTRE A EL-HASSAKE

Série "Monde du Crime"

Éditions Muse

Imprint

Cover image: www.ingimage.com

Publisher:
Éditions Muse
is a trademark of
Dodo Books Indian Ocean Ltd. and OmniScriptum S.R.L publishing group

120 High Road, East Finchley, London, N2 9ED, United Kingdom
Str. Armeneasca 28/1, office 1, Chisinau MD-2012, Republic of Moldova, Europe
Printed at: see last page
ISBN: 978-620-4-96225-2

ALGERIE.

SERIE : LE MONDE DU CRIME

TITRE : MEURTRE A EL-HASSAKE

Ecrit par DJABALLAH Imène “texte original écrit en ARABE”.

Traduit par : BELDI Lakhdar “en FRANCAIS”.

L’avion pénétra l’espace aérien de Damas et la ville apparut telle une mosaïque où bâtiments et arbres se pressaient ; l’avion atterrit sur la piste de l’aéroport, les passagers en provenance d’Arabie Saoudite descendirent ; Abu-Yacine en fit de même. Dès qu’il récupéra ses nombreuses valises, il se dirigea vers l’aire de stationnement des taxis et scruta l’endroit à la recherche d’un taxi pour l’emmener à El-Hassaké. Le premier chauffeur auquel il s’adressa refusa l’offre au motif de la longue distance et l’éloignement de la destination. Il en fut de même pour le second et le troisième. Abu-Yacine observa les visages des chauffeurs récalcitrants avec étonnement et même un sentiment de réprobation ; il s’aperçut qu’ils étaient tous d’un âge avancé et même un peu vieillots avoisinant la soixantaine. Il se prit d’un sourire narquois se disant au fond de lui-même : « Au fond, il n’y a rien d’étonnant à ce qu’ils refusent ma demande ; un long périple de neuf heures pour des vieillards un jour de canicule, est une charge que même les dromadaires ne supporteraient pas ! ». Il décida de rectifier son mauvais choix en se dirigeant vers un jeune de grande taille, aux larges épaules et de carrure assez robuste, le visage encensé par l'éclat de la jeunesse, débordant de vitalité et d'enthousiasme. Il était occupé à essuyer le pare-brise avant de sa voiture avec un chiffon mouillé. Abu-Yacine se rapprocha de lui tout souriant pour lui parler:

- Bonjour, jeune homme dynamique !

Le jeune homme se retourna vers la voix et vit un client qui avait l'air crémeux à cause du nombre de valises qu'il trainait péniblement derrière lui ce qui apparaissait clairement sur son visage ; il répondit avec empressement avec l'air du pécheur tombé sur un gros poisson laissant retomber l'essuie-glace sur le pare-brise et s'adressant à son interlocuteur avec une certaine ardeur:

- bonsoir monsieur, bon retour, que puis-je faire pour vous ?

- Je viens à peine d'arriver d'Arabie Saoudite et je voudrais me rendre à El-Hassaké !

- « El-Hassaké ? », tout à coup le sourire s'efface de la face du jeune homme et son ardeur s'éteint, fronçant les sourcils, il répond sur un ton tiède :

- El-Hassaké ! Mais vous vous rendez compte elle est très loin d'ici pourquoi ne pas prendre le bus ? c'est mieux pour vous !

- Prendre le bus chargé de tous ces bagages ? La route et ardue et exténuante et si je prends le bus il me faudra plus de temps et de fatigue pour arriver, et je ne vous cache pas mon ami que je suis déjà éreinté et je ne supporterai pas ce long voyage !

Le jeune taxieur comprit le point de vue du client ; n'ayant aucune pitié de son état de grande fatigue, il vit en lui un butin et une occasion qu'il serait idiot de négliger et de ne pas en profiter. Après une courte réflexion, s'attendant à ce que le client soit choqué, il lui dit:

- Très bien, j'accepte de vous transporter contre la somme de trois milles livres syriennes !

- J'accepte, confions notre sors à Allah et démarrons !

Contrairement à ce qu'avait prévu le taxieur, c'est lui–même qui a reçu le choc. Il ne s'attendait nullement à ce que le client accepte de verser une somme supérieure au montant du billet d'avion lui-même ! Abu-Yacine commença à transporter ses valises vers la malle de la voiture tandis que le jeune n'arrêtait pas de lui adresser des regards d'étonnement et même de stupéfaction ! Son esprit est envahi par une hantise, il craint que l'homme ne le prive de son droit au règlement rêvant seulement de parvenir à son bercail. C'est pourquoi à peine étaient-ils installés sur leurs sièges à l'intérieur de la voiture et que Abu-Yacine avait porté la main à la ceinture de sécurité pour la mettre qu'il a eu la surprise de voir le jeune taxieur lui tendre la main en lui disant :

- Je veux être payé avant le démarrage, mon cher ! ...

Abu-Yacine, souriant sobrement, mit la main à la poche de sa Djellaba et sortit une grosse liasse de billets, il en retire la somme convenue pour la remettre au jeune chauffeur qui n'arrêtait pas de fixer la liasse comme le ferait un loup affamé pour une brebis tendre !

La voiture démarre traversant les quartiers de Damas et ses larges avenues mais auparavant le jeune taxieur avait informé son client de la nécessité pour lui de passer voir un de ses amis habitant le centre-ville de Damas pour lui remettre une commission avant de prendre la direction d'El-Hassaké par la route nationale, ce à quoi Abu-Yacine ne vit aucun inconvénient, bien au contraire il prit du plaisir à admirer Damas, la ville des Jasmins, fière de ses immeubles élevés, ses jardins verdoyants, ses maisons couronnées de bouquets fleurs et les troncs d'arbres suspendus à ses balcons, ses ruelles pittoresques et étroites dégageant une odeur d'originalité et l'effluve de l'histoire. Pendant ce temps, il écoute à la radio Sabah Fakhri chanter : « Y a mal Echam yallah ya mali Tal el matal ya Hilwa taali ! » (Ô ! Trésor de Syrie ! Viens donc mon trésor ! Trop de temps est passé. Ô ! ma belle ! Viens donc !) Envoûtant les sens d'Abu-Yacine par les mélodies chatoyantes et rappelant des souvenirs merveilleux d'antan. Son âme s'est envolée à sa ville natale d'El-Hassaké au milieu de sa famille, son épouse qu'il avait quittée enceinte depuis dix longues années pour se joindre à toutes les troupes de Syriens laborieux émigrant en Arabie Saoudite durant les années soixante-dix au plus fort du flot pétrolier pour y travailler et récolter autant d'argent que possible afin de revenir un jour au bercail mener une vie à l'abri du besoin avant que l'âge ne s'éteigne et que la jeunesse ne s'égare dans les mirages des souhaits sans lendemains.

Le jeune taxieur conduisait la voiture, silencieux donnant l'impression à Abu-Yacine qu'il appartenait à cette catégorie de gens peu bavards s'attendant à un périple ennuyeux, lui qui avait horreur du silence, de l'introversion et les personnes opaques, appréciant les échanges, la bonne compagnie et les rencontres. Le taxieur s'arrête au coin d'une ruelle étroite ne pouvant par sa largeur recevoir la plus petite voiture, il s'est contenté de son coin non loin de la maison à laquelle il s'était rendu et dont il avait frappé à la porte ; il en sortit un homme de sa trempe, habillé d'un pantalon large et d'un maillot de corps. Le jeune taxieur tendit la main à l'homme pour le saluer ; celui-ci lui rendit un salut timide, les traits maussades du visage ne le quittant pas. Puis il plongea la main dans la poche de la poitrine et en sortit l'argent qu'il avait reçu de son client en contrepartie de la course qu'il n'avait pas encore réalisée, il en retira quelques billets qu'il compte à la hâte, les remet à l'homme qui parait mal à l'aise en les recevant les yeux écarquillés lançant des regards de mépris, mécontent du montant perçu et n'arrêtant pas de marmonner son insatisfaction et grognant ses reproches pour ce qu'il venait de recevoir alors que le chauffeur était cloué à sa place par l'irritation, incapable de dire quoi que ce soit pour sa défense, ses paroles se perdant dans le flot des reproches de son interlocuteur.

Quelques paroles parvinrent involontairement aux oreilles d'Abu-Yacine, comprenant que l'affaire serait liée à une question de dette que le jeune taxieur aurait tardé à régler en temps opportun, ce qui aurait rendu l'homme furieux contre lui. Le jeune revint à la voiture à la fin de l'entrevue avec son ami tout en essayant de cacher son trouble et dit en souriant à son client:

- J'espère que je ne t'ai pas fait attendre longtemps ?

- Pas du tout ! J'étais en train d'admirer l'architecture de ces belles maisons rustiques dans ce vieux quartier. N'eut-ce été le long périple qui nous attend, je t'aurais demandé de m'emmener faire un tour à la Mosquée des Omeyades et le Souk El-Hamidia, Khan-Ass'ad–Bacha et autres sites touristiques que le cœur brûle du désir ardent de voir et admirer leurs beautés.

A cet instant le jeune se tourne vers son client et lui lance un regard de curiosité, étonné que l'homme soit capable de payer encore plus d'argent lui qui vient à peine de débourser une fortune non négligeable ! Il appuie sur l'accélérateur faisant mouvoir la voiture, les deux compagnons de fortune se souhaitent un bon voyage dans leur long périple. Pour quelques instants, le jeune resta plongé dans ses pensées puis il s'adressa à son client lui disant :

- Ah, oui c'est vrai, j'ai oublié de te demander ton nom ?

- Mon nom est Abu-Yacine, mais on m'appelle Abucine », j'ai laissé « Yacine » dans le sein de sa mère un an après notre union. Je pars maintenant pour le rencontrer après dix longues années d'absence.

- Je souhaite que tu le trouves en bonne santé ; moi je suis Baraket, vingt-huit ans, je suis l'aîné de mes neuf frères et sœurs !

- Neuf ! par la grâce de Dieu ! Es-tu marié ?

- Non, La Providence n'en a pas encore décidé ! Répondit le jeune, les traits du visage tirés.

- Mariage tardif ! Tout comme moi. Même moi je ne me suis marié qu'après l'âge de vingt-cinq ans alors que dans mon village à l'époque, les jeunes se mariaient à l'âge de 18 ans.

- Quelle est ton histoire ? Comment as-tu voyagé d'El-Hassaké jusqu'en Arabie-Saoudite ?

- Ah ! Mon histoire en est une bien bonne ! J'étais le cadet de mes trois frères et ma sœur unique, nous avons grandi dans l'amour du travail que nous vénérions n'en refusant aucun ; nous faisions tout ce qui nous tombait entre les mains. Ma sœur s'est mariée ainsi que tous mes frères. Je suis resté à l'époque le seul à n'avoir pas pu me marier, n'ayant pu amasser la somme nécessaire aux frais de la fête et à la dot de la mariée. Mes frères ont conjugué leurs efforts et m'ont amassé une somme honorable pour préserver ma dignité et celle de la famille devant nos gendres. Le mariage eut lieu alors que j'avais ton âge actuel à peu près, et j'étais tout heureux avec ma femme qui était ma cadette de huit ans. Les jours passèrent avec des hauts et des bas ; plus de bas que de hauts en raison de l'indigence et l'austérité de la vie. Notre vie était une suite de moments pénibles sans aucun répit jusqu'à ce que j'en ai eu marre de la situation, j'ai alors décidé d'émigrer en Arabie Saoudite dans le but de me trouver un job qui me permettrait d'amasser une somme importante que j'investirais à mon retour à El-Hassaké dans un projet rentable et me garantir une vie décente et stable. J'ai donc enduré les souffrances du voyage de Syrie en Irak et d'Irak en Arabie Saoudite en tant que « clandestin ». J'ai sillonné la région en long et en large à pied portant avec moi mes provisions que je devais consommer avec modération pour couvrir toute la durée du trajet de crainte de manquer de nourriture et d'eau et de mourir d'inanition. Je dormais parfois sur l'herbe et d'autres sur le sable avec des pierres comme oreiller. La nuit, je recherchais les endroits sombres de peur de tomber entre les mains des bandits de grands chemins ou de servir de repas facile entre les mâchoires tranchantes des bêtes sauvages affamées. Mais ma plus grande frayeur venait de la traversée des frontières d'un état à un autre, je me faufilais entre les bois comme les renards et je rampais sur le sable comme les serpents pour ne pas tomber entre les mains des gardes-frontières, alors que je ne portais pas sur moi de documents officiels, et combien de fois sont parvenues à mes oreilles leurs voix vociférant : « Ka'aybari ! Ka'aybari ![1]» Je m'élance alors à toute vitesse comme un tigre lancé derrière une gazelle. Par deux ou trois fois j'ai échappé entre leurs mains. Celui qui était arrêté était détenu pendant une ou deux semaines puis il était refoulé en direction de là d'où il était venu après avoir enregistré toutes ses données ; en cas de récidive, il est interné pendant des mois voire même des années...

Baraket écoutait avec une attention soutenue et une grande concentration la narration de son client de retour d'exil, les péripéties de l'aventure lui ont même paru excitantes tout autant que lourdes de dangers et de frayeurs, puis il l'interrogea :

---

[1] - « Un clandestin ! un clandestin ! »

- Toutes ces souffrances et tous ces risques sur la vie pour le plaisir de travailler en Arabie Saoudite ?

- Bien-sûr, et je ne regrette pas du tout ; la chance a été de mon côté dès mon arrivée là-bas, j'ai trouvé un travail en tant que chauffeur de camion de transport des dérivés du pétrole pour un salaire dont je ne pouvais même pas rêver, je me suis consacré à la tâche avec abnégation et honnêteté ; je traversais les déserts en long et en large et avalais les centaines de kilomètres de jour et de nuit par temps de chaleur et de froid sans relâche et sans faute. Au bout de deux ans, mon patron très satisfait de ma prestation m'a élevé au poste d'adjoint au Chef de Service Transport, puis Chef de Service doublant mon salaire, ce qui m'a permis au bout de dix ans d'amasser une somme m'autorisant à construire dans mon village une grande maison, acquérir une ferme pour élever du bétail et des vaches, des camions de transport, et ériger une laiterie pour produire du lait et fabriquer des fromages.

Abu-Yacine déballa tout, sans gêne aucune il informa Baraket de ce qu'il avait réussi à amasser comme argent le mettant même au courant des projets qu'il comptait entreprendre en arrivant dans son village de façon spontanée et naïve, fier de ses réalisations qui lui ont couté tant d'efforts et d'épreuves qu'il n'a pas regrettés au demeurant puisqu'il a récolté des fruits qui vont faire de lui le sultan de son temps et du temps qui lui reste à vivre ; des fruits qui ont fait saliver Baraket, le chauffeur de taxi qui ne peut se permettre de « diner s'il déjeune ni de déjeuner s'il dine ! » ; l'inquiétude l'envahit après que la richesse de son client vient le rappeler à sa pauvreté extrême qui ne cesse de lui malmener le cœur lui infligeant souffrances, tourments et humiliation ; les feux de la jalousie et de l'envie faisaient rage en lui, il lui reprochait les richesses qu'il avait amassées à la sueur de son front endurant de grandes épreuves et subissant les pires terreurs. L'égarement l'a emmené dans un fond sombre de tristesse ; il est demeuré un moment silencieux, les traits de la rage et de la colère contre l'existence, contre sa propre existence, contre sa malchance, et contre celle de tous les vivants y compris celui assis à son côté se dessinaient sur son visage qui apparut à l'instant à l'image d'une bombe à retardement prête à exploser à tout moment.

Baraket demeura sur ses brusques déboires pensif et triste jusqu'à ce qu'il soit ramassé par les paroles de son compagnon qui a ressenti le besoin de combler le fossé du silence qui s'élargissait, en lui est né un désir incontrôlable de parler et de discuter:

-Et toi pourquoi ne t'es-tu pas marié ?

Baraket resta silencieux quelques instants puis répondit avec un mépris artificiel alors que la mèche de l'exaspération brûlait entre ses flancs:

- Pour la même raison qui t'a jeté dans les filets de l'exil et t'a éloigné pendant dix ans des tiens et de ton fils unique !

- Oui, par Allah, tu as raison ! ne dit-on pas : la pauvreté tient du blasphème ! et maintenant que comptes-tu faire ?

Je veux dire, peux-tu vraiment économiser des sous sur ton métier de taxieur ou as-tu parmi les membres de ta famille ceux qui peuvent t'aider ou te prêter une somme avec laquelle tu peux te débrouiller en attendant que ta situation s'améliore ?

- Ni l'un ni l'autre, je travaillerai avec ce taxi jusqu'à ce que mon jeune frère grandisse suffisamment pour apprendre à conduire, alors il prendra la relève et moi j'irai travailler dans un chantier !

- Dans un chantier, c'est un travail dur et mal payé, mais la subsistance est aux mains d'Allah ; cependant tant que tu cherches ta subsistance dans le « Hallal (le licite) » Allah ne te décevra pas ; je te conseille de t'armer de patience et de persévérer !

- La patience ! Combien sont-ils les nantis qui conseillent les pauvres démunis de patienter et de s'en tenir à la patience jusqu'à la dernière extrémité ! le sermon coule sur leurs langues avec beaucoup d'humanisme surtout lorsqu'il s'agit du licite et de l'interdit, alors ils brandissent les grandes vertus et revêtent le manteau d'honneur qu'ils n'auraient jamais revêtu si leurs poches et leurs coffres n'étaient pas pleins et leurs estomacs repus jusqu'à l'indigestion, il est vrai que « Ne ressent la brûlure de la braise que celui qui marche dessus ! ».

Il n'arrêtait pas de se répéter à lui-même « Baraket » dont les pensées commençaient à prendre la voie du Satan, observant en cachette du coin de l'œil, l'homme qu'il trouvait jouissant du panorama de la nature à sa droite. Son sourire est un sourire de satisfaction et dans ses yeux brille un regard rêveur et rassurant ; des charges provocations...

Dans le passé, Baraket n'était pas de ceux qui faiblissaient devant les injonctions du Satan ou pliaient devant ses ordres ou obéissaient à ses commandements surtout pendant l'enfance et l'adolescence alors qu'à l'époque il était un enfant nécessiteux mais il menait une vie digne à l'image de celle de ses pairs à travers sa petite ville à l'ombre de son père qui quittait la maison le matin avant le chant du coq prenant le chemin de la bourse du travail ; il était ainsi parmi les premiers ouvriers à décrocher un travail dans le bâtiment, le portage, la moisson ou les vendanges, il ne revenait le soir que chargé de provisions pour nourrir ses enfants affamés et sa femme patiente. L'enfant qu'il était ne s'est jamais retrouvé affamé jusqu'à ce que survienne cette heure perfide où son père tomba du haut d'une bâtisse élevée au cours de laquelle sa boîte crânienne explosa, son sang gicla de toutes parts et ses os furent mis en miettes. On l'emmena à la maison cadavre fracassé, la malédiction de la pauvreté s'empara de la famille et chassa Baraket de l'école l'obligeant à travailler encore enfant pour nourrir une famille composée de dix personnes laissées à sa charge étant l'aîné des garçons. Depuis ce jour, il adhéra au Parti de la Misère et œuvra dans tous les domaines par lesquels est passé son père auparavant y ajoutant les métiers de menuisier, soudeur, électricien, gardien, fondeur et autres métiers pénibles pratiqués à contrecœur jusqu'à ce que les vagues de la misère l'aient jeté à la fin au bord de la trentaine sans mariage, l'« avenir » étant un terme qui lui fait plus peur que la mort. Il a connu tous les types de souffrances et de tourments contaminant son intérieur par les mauvais penchants et devenant haineux, son cœur ne porte que de l'animosité et ne bat que pour la rancune reprochant à tout riche sa richesse y compris les récents d'entre eux. Il ne peut plus supporter de voir sur terre un homme riche ou du moins être près de lui !

Abu-Yacine s'affairait à contempler les paysages à droite emplissant ses poumons d'air frais de la nature profitant de la fraicheur engendrée par la vitesse de la voiture en cette journée de canicule. Les deux voyageurs passèrent devant une grande ferme dans l'un des villages fleuris aux terres et aux jardins verdoyants, Abu-Yacine admiratif s'écria :

- Béni soit le Miséricordieux ! Quelle belle ferme ; regarde cette ferme comme elle est belle ! Elle est conçue exactement sur le modèle que je voudrais pour la mienne !

Baraket ralentit jusqu'à s'arrêter, puis recula avec la voiture quelque peu pour permettre à son client de mieux observer ce qui avait retenu son attention. Tous deux se mirent à contempler la ferme située non loin de la route principale comme si le propriétaire avait choisi l'emplacement à escient proche du poste de surveillance installé sur la colline en face pour profiter de la surveillance gratuite pour lui et pour sa propriété, mais aussi pour transporter la récolte après la cueillette et la commercialiser facilement. C'est une ferme étendue répartie en plusieurs vergers chacun d'eux comprenant des rangées d'un fruit donné on peut observer des abricotiers, des oliviers, des pêchers, des pruniers, des pommiers, des poiriers, des figuiers, des vignes, il y avait aussi des champs de pastèques, de melon et des légumes de toutes sortes. Sur le côté gauche de la ferme on pouvait voir une basse-cour, des cages à lapins, des enclos à moutons et des écuries pour les chevaux. Tandis qu'à l'arrière-plan apparait ce qui ressemble à un grand entrepôt où sont stationnés deux grands camions.

-Abu-Yacine était épaté par toutes ces richesses et n'arrêtait pas de répéter : « Dieu soit béni ! Dieu soit béni !

Que Dieu bénisse les propriétaires et bénisse leurs biens » invoquant Allah Le Tout-Puissant pour qu'il l'aide lui aussi à réaliser ses projets avec les fonds qu'il a amassés en terre d'exil puis il se tourna vers Baraket tout souriant et lui dit :

- Regarde mon ami la maison au milieu des vergers verdoyants petite mais si belle, design européen joli et en harmonie avec la simplicité de la campagne.

- As-tu l'intention de construire deux villas, interrogea Baraket ?

- Oui, l'une en ville, grande et spacieuse au milieu d'un grand jardin. Et une autre au beau milieu de la ferme comme celle que l'on voit ici, elle sera simple et conçue selon le modèle des habitations de campagne de la Suisse. J'ai rencontré un français pendant mon séjour en Arabie-Saoudite qui m'a donné des plans merveilleux il ne me manque que de trouver à El-Hassaké ou les villes environnantes un ingénieur dynamique pour mettre en œuvre les plans comme je le souhaite.

- Baraket ne souffla mot pas même pour souhaiter la réussite à l'homme qui lui a révélé tous ses secrets et étalé tous ses projets ambitieux ainsi que tous ses souhaits et ses rêves d'un seul trait comme dans le journal des informations ; il enfonça nerveusement l'accélérateur et la voiture démarra à une vitesse folle qu'il a diminuée légèrement après que son compagnon lui ait dit sur le ton de la plaisanterie :

- Doucement, mon ami ; nous sommes encore jeunes et la vie est encore longue devant nous. Profitons de ce que Dieu nous a offert de bonne santé et de longévité !

Puis de bonne foi, il laissa échapper un rire éclatant donnant à Baraket l'impression d'un rire sarcastique destiné à provoquer ses sentiments embrouillés et son cœur accablé par les adversités de la vie ! Des étincelles s'échappèrent de ses yeux, et des idées maléfiques se glissèrent dans son cœur, il se dit au fond de lui :

-Qu'adviendrait-il s'il mourait réellement ? Et si je le tuais et jetais son cadavre quelque part ? Personne ne me verrait. Ainsi, je pourrais disposer de ses richesses et de ses valises remplies d'or et de cadeaux !

Une idée démoniaque naquit subitement dans l'esprit de l'homme comme une étincelle parvenue de l'enfer, éteignant sa conscience et en même temps son humanité et la miséricorde qui habitait son cœur. Désormais, il ne pense plus qu'à tuer l'homme qui lui a confié tous ses secrets et n'a pas hésité un instant à accepter un prix supérieur de beaucoup à ce que nécessite le transport de Damas à El-Hassaké.

Quatre heures de la durée du voyage sont déjà passées, comptées par Abu-Yacine en minutes et secondes. Il se voit déjà revoir sa belle épouse et son fils qu'il imagine à présent âgé de dix ans, élancé et adolescent ayant hérité de sa mère le charme du visage et de son père sa ténacité et son courage. Toutes ces belles images ont créé en lui une symphonie de sons de cordes et de danses emportant son cœur dans un envoûtement délicieux ponctué par des vols de pigeons au-dessus de sa tête ; il en souriait fièrement rassuré et calme.

Tout à coup la voiture s'arrêta, Abu-Yacine surpris se retourne vers Baraket et le questionne :

- Pourquoi cet arrêt ?

- J'ai envie d'uriner, je vais dans la forêt faire mon besoin et je reviendrai !

- Ah ! C'est OK !

Baraket entre dans la forêt en toute vitesse ; dès qu'il s'est assuré être loin des regards, il s'assied sur une grosse pierre à l'ombre d'un arbre très haut aux branches et aux feuilles épaisses. Il commence par reprendre le souffle non pas à cause de la fatigue de la route ou de la conduite mais à cause des idées sataniques qui se bousculent sans arrêt dans sa tête épuisée comme se bousculent les torrents dans la mer en furie. Il murmura à haute voix tout en se croisant les doigts des deux mains dans un mouvement qui en dit long sur l'intensité de son agitation et son malaise : « C'est mon occasion et si je la rate, elle ne se répètera jamais ! je vivrai pauvre et je mourrai pauvre moi et le reste des membres de ma famille qui n'ont jamais goûté au bonheur ne fut-ce qu'un jour à cause de la pauvreté qui nous a poussé entre l'os et la chair et ne nous a jamais quitté comme notre propre ombre ! Et puis qu'ai-je fait pour porter sur les épaules depuis mon enfance une responsabilité que dix hommes ne pourraient supporter ! Pour vivre toute ma vie sacrifiant mon avenir et ma jeunesse que j'ai enterrés depuis longtemps ! »

Subitement, il s'est levé puis il s'est rassis, le visage humide, des gouttelettes de sueur perlant de son front sous le soleil de plomb, le souffle presque à l'arrêt, il revint à ses questionnements contradictoires se disant : « Dois-je le tuer ? Non, je n'oserais jamais ! Peut-être que si je le volais l'abandonnant tout seul dans la forêt en m'enfuyant, ce serait beaucoup mieux ? Non ! Oh que je suis idiot ! Si je le volais, il me dénoncerait à coup sûr, car il sait que j'habite Damas et qu'il m'a accompagné à la ruelle où habite mon ami, il ne tardera pas à me retrouver. Au demeurant, il est resté longtemps avec moi, c'est sûr qu'il connait bien les traits de mon visage ! Non, je ne le volerai pas ! Il vaut mieux le tuer, en l'étranglant jusqu'au dernier soupir, ou le cogner avec une grosse pierre jusqu'à lui faire exploser la boîte crânienne, sinon le poignarder d'un coup décisif au cœur.

Soudain le jeune taxieur se rendit compte qu'il avait pris trop de temps craignant qu'il ne se méfie de lui et ne doute de ce qu'il est en train de comploter ; il revint en toute vitesse après avoir essuyé de son visage les traces de l'anxiété et du stress, et avec un sourire artificiel il monta dans la voiture s'adressant à Abu-Yacine l'inconscient de ce qui se tramait de maléfique derrière son dos :

- Très désolé de t'avoir fait attendre !

- Cela ne fait rien, ton motif est admis.

La voiture redémarra de nouveau, Abu-Yacine se tourna à gauche puis à droite sur toute la longueur de la route, il ne vit aucun panneau indiquant leur emplacement au moment, il interrogea Baraket :

- Où sommes-nous ?

- Nous sommes à une distance de 50 kilomètres de Palmyre, nous y arriverons dans une demi-heure environ.

- In Cha' Allah !

Les deux compagnons revinrent à leurs préoccupations antérieures, Baraket revint à la conduite avec ses idées maléfiques et antagoniques dans sa tête et Abu-Yacine tantôt à l'admiration de la nature et tantôt à fouiner pour trouver un sujet à discuter avec le chauffeur et cela jusqu'à la pénétration de la circonscription de Palmyre avec son vaste désert ; la voiture poursuivit sa course sur une distance de 20 kms jusqu'à atteindre une oasis au milieu de la campagne. Baraket s'arrêta de nouveau pour uriner encore une fois ; il quitta vite la voiture et disparut à nouveau dans la nature laissant un grand point d'interrogation se dessiner sur le visage du client resté perplexe devant la situation. Pour la première fois depuis le début du voyage, l'inquiétude se glisse à lui en raison du comportement étrange du taxieur et la crispation de son visage ; il demeura dans l'attente ne sachant pas la réalité de ce qui se tramait !

Baraket se cacha derrière un gros rocher et demeura debout tendant la tête tantôt vers la voiture s'imaginant en train de surprendre son client par un coup de couteau dans le dos le tuant sur le coup, tantôt il s'est retrouvé en train de se prémunir par Allah du Satan, alors il bougeait la tête comme un forcené comme s'il devait éloigner de lui les pensées maléfiques qui envahissaient sa tête. Mais impossible d'y échapper, le Satan le tenait solidement de l'intérieur et avait lancé autour de son cœur les cordes du mal aveuglant sa clairvoyance et renforçant sa détermination à le tuer par traitrise après la sortie de Homs pour éviter de tomber dans les mains de la police qui souvent installe les postes de contrôle multiples dans cette région en vue de protéger les zones archéologiques et les touristes qui s'y rendent. Il revint une seconde fois à la voiture accueillie par son client avec un œil méfiant qui dès qu'il s'installa sur le siège lui dit :

- J'espère que tout va bien mon ami ? est-ce-que tu as mal ? Baraket sourit en disant dans une apparente confusion, offensé d'être appelé « mon ami » par celui qui par la force des choses était devenu son adversaire :

- Non ! J'ai juste bu un peu trop d'eau à cause de la chaleur et j'éprouve le besoin d'uriner beaucoup !

- C'est vrai, la chaleur d'aujourd'hui est insupportable ! Répond Abu-Yacine sans être convaincu de la sincérité de la réponse de Baraket qui peinait à cacher son embarras visible sur son visage et ses mains tremblantes. Puis il se remit à regarder droit devant lui concentré et s'interrogeant sur ce qui arrive à l'homme assis à côté de lui et loin de s'imaginer que ce qui le trouble et l'agite est causé par l'envahissement de son être par l'intention noirâtre de le tuer et jeter son cadavre ou peut être de l'enterrer dans un endroit où règne la désolation là où aucun être humain ou même aucune bête sauvage ne pourra parvenir afin qu'il disparaisse de la face de la terre jusqu'à la fin des temps et que son secret soit enterré avec lui jusqu'au jour de l'Apocalypse.

La nuit ténébreuse tomba et enveloppa la vie d'un voile noir ne laissant paraitre aucune lueur de lumière à part celle des feux de la voiture, « c'est le moment ou jamais ! »

Le Satan commença à insuffler dans l'oreille de Baraket : « Tue-le ! Tue-le ! », Le jeune homme s'est mis à dire au fond de lui-même : « Oui, je le tuerai ! Oui, je le tuerai ! », Puis il s'écria du maximum de sa voix d'un hurlement hystérique et affolant qui ébranla les piliers du silence régnant et sortit du fin fond de son âme ce qui l'habitait depuis le début comme intentions maléfiques : « Non ! Laisse-moi tranquille ! Je ne suis pas un meurtrier !

- Quoi, qu'est-ce qui t'arrive, mon camarade ? Réagit Abu-Yacine interrogeant après avoir entendu les paroles de son compagnon !

- Je ne suis pas ton camarade, je suis un malfaiteur, oui un malfaiteur ! » Et il éclata en sanglots comme un petit enfant. Abu-Yacine demeura stupéfait et pris de panique à présent que Baraket ait nerveusement stoppé la voiture se tournant vers lui les yeux rouges pour lui dire avec une voix encore plus nerveuse :

- Descends vite de la voiture !

Abu-Yacine garda le silence hébété et continua à fixer son interlocuteur avec des yeux interrogateurs « mais pourquoi ? ... » Dans une confusion totale alors que Baraket répéta son ordre avec encore plus de nervosité :

- Je te dis de descendre de la voiture ! ...

Et ils descendirent tous les deux en claquant les portes derrière eux pour se retrouver face à face ; avec un calme empreint de crainte qui ne le quitte pas depuis que Baraket a eu sa crise d'hystérie.

- Que s'est-il passé, Baraket ? Est-ce que je t'ai dérangé par mes propos ?

- Non, tu n'as rien dit qui m'ait dérangé ; j'aurais voulu que ce soit le cas au moins j'aurais eu une raison pour te tuer !

- Quoi ? Me tuer ? Mais pourquoi ?

- Pour voler ton argent !

La couleur d'Abu-Yacine a brusquement changé, ses yeux s'écarquillent, il est envahi par une terreur mortelle ;

et son interlocuteur d'ajouter d'un ton trouble, le visage inondé de sueur :

- Très bien, je vais être franc avec toi...lorsque par deux fois j'ai arrêté la voiture prétextant le besoin d'uriner, ce n'était pour cette raison mais je voulais m'isoler pour réfléchir à la façon de te supprimer pour m'emparer de tout ce que tu possèdes comme argent et or, mais je n'ai pu aller jusqu'au bout car je ne suis pas un tueur, et je ne voudrais pas subir l'enfer à cause de ta mort ; maintenant je te demande une chose, laisse-moi à mon sors, je ne poursuivrai pas le voyage jusqu'à El-Hassaké, je te rembourserai la moitié de ce que tu m'as versé pour te transporter.

La franchise de Baraket laissa l'homme sans voix pour quelques instants ; il décida qu'en pareilles circonstances, il vaut mieux user de sagesse plutôt que de verser l'huile sur le feu, lui qui a toujours eu recours à la diplomatie plutôt que la dispute et l'alimentation des querelles inutiles au cours de ses années de travail en Arabie

Saoudite au milieu d'une multitude de nationalités et de caractères diversifiés. Aussitôt les marques de l'embarras et de la surprise disparurent de son visage, remplacés par un sourire calme et serein, sur un ton de dédain, il dit :

- Est-ce vraiment la seule raison de ton inquiétude et de ta nervosité ?

- Oui, je ne voulais pas être sali par ton sang, je te prie de t'éloigner de moi s'il te plait ! ...

Baraket mit la main à la poche de la poitrine et en sortit ce qui restait comme argent reçu de son client avant le début du périple ; il lui tendit la paume de sa main que Abu-Yacine referma sur ce qu'elle contenait comme argent refusant de le réintégrer et dit au jeune angoissé :

- Débarrasse-toi mon ami du Satan par le nom d'Allah et débattons ensemble pour purifier nos intentions ; ils s'assirent tous les deux sur deux grosses pierres et Abu-Yacine reprit :

- Pourquoi veux-tu me voler, toi un brave garçon et fils de bonne famille ?

- Je suis certes un fils de bonne famille, mais une famille qui souffre horriblement de la faim. Nous sommes neuf frères et sœurs comme je te l'ai déjà dit, la plupart d'entre nous ont dû quitter l'école en raison de la pauvreté et du manque de moyens pour acquérir ce qu'il nous faut pour étudier. Nous avons passé notre enfance à l'ombre de notre père menant une vie simple mais non étriquée comme elle l'est aujourd'hui après qu'il nous ait quittés sans prévenir laissant une lourde charge sur mon dos. Malgré que je n'ai jamais fait défection au travail un seul jour, étant entré dans la bataille avant l'âge de l'adolescence, sauf que je n'ai jamais réussi à éloigner le fantôme de la misère de ma famille affligée ; tous mes efforts et mon labeur se perdaient entre les méandres de la cherté et les dépenses insupportables pour moi, je n'ai jamais réussi à joindre les deux bouts, mes frères marchaient pieds nus, affamés et en guenilles ne pouvant faire face aux dépenses ni de leur habillement ni de leur nourriture. Puis ma mère tomba malade rendant la situation invivable, atteinte d'hypertension et de diabète à cause de la tristesse et de la misère suite au décès de mon père mais aussi à cause des conditions difficiles ! Je devais lui procurer les médicaments et payer les frais de soins de peur qu'un jour on se lève et on la retrouve passée de vie à trépas elle aussi, notre vie deviendrait un enfer encore pire. J'ai beaucoup réfléchi au moyen de me débarrasser de cette vie misérable et je n'ai pas trouvé autre chose à faire que d'emprunter de l'argent pour acquérir cette voiture avec laquelle je travaille depuis un an sans réussir à amasser le montant de la dette à restituer aux propriétaires ; à la maison, je n'ai pas un seul moment de répit, je n'arrête pas d' entendre les créanciers frapper à la porte pour demander leurs dus, je les calmais avec le peu que j'avais amassé au prix d'efforts de plusieurs jours, alors ils s'en allaient promettant de revenir prochainement pour recevoir le reste. C'est ainsi que ma vie s'est transformée en enfer insupportable et la pauvreté a failli me rendre fou.

- Rien d'étonnant à ce que le Satan te dupe au point de vouloir me tuer ! » Dit Abu-Yacine lâchant un soupir de chagrin et de tristesse sur le jeune indigent ; il sortit se dirigeant vers la malle où étaient ses bagages après avoir su que le montant de la dette était de cent mille livres. Un court instant après, il revint avec une liasse de billets enveloppée dans un morceau de tissu qu'il glissa dans la main de Baraket qui n'en croyait pas ses yeux ! Ouvrant le petit paquet et voyant une grande somme d'argent entre les mains, il s'interrogea ?

- C'est quoi ça ?!...

- Tu as là deux-cent mille livres dont cent-mille pour rembourser tes dettes, tu seras enfin tranquille par la propriété pleine et entière de ta voiture et ce qu'elle te rapportera sans que personne ne puisse déranger ton sommeil et te demander à chaque fois de rembourser ta dette et cent-mille livres autres comme cadeau de ma part à ta mère, tes frères et tes sœurs !

Le choc émotionnel fit tourner la tête à Baraket, la langue nouée d'étonnement, les larmes lui coulaient sans limites et le visage maculé des rougeurs de la honte, il s'exclama : « Non, non je ne peux pas accepter tes dons après avoir pensé à te tuer par traitrise ; je ne peux pas ; ta grandeur d'âme me tue et me fait sentir à quel point je suis infâme ! ».

- Non, tu n'es pas infâme, pas du tout ! Même si tu m'avais tué, la preuve, ce sont les larmes du regret que tes yeux ont répandues à la seule idée de mettre fin à mes jours. Le fait de renoncer à me tuer à la dernière minute prouve la miséricorde d'Allah sur toi et non pas sur moi, car si j'avais été tué, la mort m'aurait reposé des tracas de la vie et de ses misères une bonne fois pour toutes, et j'aurais été en ce moment auprès de mon Créateur profitant de confort et de la tranquillité exactement à ton opposé à toi, par ton crime qui mettrait Dieu en colère, tu n'aurais jamais gouté la paix un seul jour et ta conscience t'aurait flagellé sans pitié avec le fouet du remord jusqu'à ce que tu meures misérable, apeuré et terrorisé par feu déchaîné de l'Enfer. Lève-toi, Baraket lève-toi, et confies-toi à Allah et mets en lieu sûr l'argent licite qu'Allah t'a donné et continuons notre route comme deux bons amis jusqu'à ce qu'on se sépare à la porte de ma maison et restons amis à jamais !

Baraket baissa la tête de honte devant la noblesse de son compagnon, sa clémence, sa haute moralité et sa grande générosité avec lui puis il dit résolument :

- Très bien, je prendrais l'argent puisque j'en ai un besoin vital, mais ce sera un prêt que je rembourserai dès que je l'aurai amassé, ceci me motivera à redoubler d'efforts et persévérer dans le travail ! ...

- Je suis d'accord, bien que mon intention soit de t'offrir cet argent. Maintenant, si tu insistes à le considérer comme une dette, les délais resteront ouverts et si tu n'arrives pas à le restituer, l'argent est à toi et rien ne t'oblige à rembourser. Sois tranquille, je ne te le demanderai plus tant que je serai en vie.

Baraket se leva aussitôt et sentit que le poids qui alourdissait sa poitrine s'était allégé en remontant dans la voiture avec son compagnon chevaleresque après une longue accolade en reconnaissance pour sa gratitude et son bienfait.

Les voilà, repartis ensemble pour terminer leur périple jusqu'à El-Hassaké dans un climat plein de confort, de Tranquillité et de bonheur.

3

La montre indiquait une heure après minuit lorsque la voiture s'est garée devant la porte de la maison d'Abu-Yacine, les deux hommes descendent et Baraket se pressa de faire ses adieux à son ami qui lui répondit :

- Où vas-tu mon ami ? L'heure des adieux n'a pas encore sonné ! Tu es mon hôte, il ne sied pas que tu partes avant qu'on ne fasse nos obligations envers toi, et puis il ne fait aucun doute que la conduite t'ait fatigué, aussi je propose que tu dines chez moi et tu passes la nuit ; tu reprendras demain matin la route de Damas ! ».

Je te remercie mon généreux ami mais je dois démarrer maintenant pour arriver demain dans la matinée car beaucoup d'affaires m'attendent là-bas.

Abu-Yacine comprit la situation du jeune et lui souhaita bonne chance et bonne route, après avoir sorti ses valises de la malle de la voiture et de ses sièges arrière, les deux compagnons se donnent l'accolade, Baraket dépose un baiser sur la tête de Abu-Yacine en signe de respect ; ils échangent des regards de gratitude et d'affection pour terminer la rencontre qu'ils se sont promis qu'elle ne serait pas la dernière si Dieu le Veut.

Baraket monte dans sa voiture et démarre pour faire le chemin du retour. Il s'est mis, pendant tout le chemin, à dérouler le film de sa mésaventure avec le gentil monsieur qu'Allah a mis tout à fait par hasard sur son chemin pour lui faire des dons hyper-généreux et être la cause de la fin de sa détresse et la solution à ses chagrins ; il lui souhaita à son tour une vie heureuse et prospère priant Allah le Tout-Puissant de lui accorder encore bien plus de Ses Bienfaits en récompense de sa magnanimité et de son esprit chevaleresque ,des valeurs aujourd'hui si rares à trouver dans la société notamment par ces temps de désolation.

Après avoir voyagé pendant plus de treize heures, Baraket arriva à Damas et se dirigea directement à son domicile, il entra portant la liasse de billets enveloppés dans sa main comme la maman porte son premier bébé, les yeux égayés par une joie débordante qui ne peut échapper à celui qui le voit ou plutôt une joie qui suscite interrogation et étonnement lui qu'on a toujours vu renfrogné, triste et inquiet en raison de sa situation déplorable. Sa mère l'accueille dans la cour avec grande joie, ses yeux affaiblis donnaient l'impression de n'avoir pas dormi toute la nuit attendant son retour ; il se précipita vers elle s'étreignant l'un l'autre, puis le jeune embrassa ses mains et sa tête, voyant les éclairs de joie luire dans ses yeux elle l'interrogea :

- Où étais-tu, mon fils ? Tu m'as donné une grande frayeur !

- J'étais au travail, maman. Hier, j'ai emmené un client à El-Hassaké et je suis revenu sitôt que je l'ai déposé devant la porte de sa maison, voilà la cause de mon retard !

- Que Dieu te bénisse, mon fils et t'accorde santé et bien-être ! Qu'il éloigne de toi les êtres malfaisants et t'alimente de ses bienfaits inépuisables tant que tu tires tes ressources du « licite » (le Halal). Le terme «Halal» fit arrêter Baraket quelques instants, il demeura silencieux se rappelant son histoire avec le brave homme « Abu-Yacine » n'ignorant pas un instant que ce sont les prières et les conseils réguliers de sa mère qui l'ont toujours protégé et empêché de tomber dans l'interdit et ont réveillé sa conscience renonçant à la dernière minute de commettre un crime qui aurait détruit sa vie et celle de toute sa famille qui n'en peut plus des affres de la vie et de ses malheurs. Il invita sa mère à s'asseoir face au jet- d'eau et dit :

- Dieu a entendu les prières que tu lui as tellement adressées pour moi et les a exaucées, maman ; il vient de me combler de richesses suffisantes pour payer toutes mes dettes et régler les arriérés de dettes accumulées du loyer de la maison, payer les frais des cours de mes petits frères et de ton traitement. La mère lança un regard d'étonnement interrogateur quant à l'origine de l'argent ; son fils lui raconta son histoire avec l'homme de retour d'Arabie Saoudite à son village d'origine d'El-Hassaké après y avoir passé bien des années à travailler dur et persévérer pour amasser une fortune ; il a eu pitié de moi après que je lui ai raconté ce que j'ai subi comme affres et comme souffrances à cause de la pauvreté et du besoin ; il décida de m'aider pour l'amour de Dieu et me remit une grande somme d'argent pour subvenir à mes besoins et soulager ma détresse. A ce moment, les regards de la mère virent de l'étonnement à la dénonciation ; elle fixa son fils du regard et lui dit :

- Mais mon fils nous ne sommes pas des mendiants. Nous gagnons notre vie à la sueur de notre front, mais nous ne tendons la main à personne ! »

- Je le sais très bien, ma mère, malgré que le brave homme nous ait fait cadeau de la somme, moi je la considère comme dette que je rembourserai dès que Dieu soulagera notre affliction et introduira l'aisance dans nos affaires. A ce moment la gentille mère se sentit quelque peu épanouie, des lueurs d'espoir se ravivèrent en elle de nouveau et pressentit le bien pour les jours à venir ; elle souhaita à son fils pleine réussite et succès.

Le lendemain Baraket rendit visite à tous les créanciers et rendit à chacun d'eux la somme qu'il avait empruntée auprès de lui effaçant ainsi toutes ses dettes et faisant de la voiture sa propriété pleine et entière à lui seul avec tout ce qu'elle rapporte comme entrées. Il se mit à amasser de l'argent et à entretenir la famille avec parcimonie jusqu'à constituer une grosse somme avec laquelle il décida d'acquérir un autre taxi qu'il confia à son frère doublant ainsi son revenu. Le commerce du transport fleurissait notamment en raison des vagues de touristes à Damas. Baraket sut attirer la clientèle grâce à son intelligence, à la confiance qu'il inspire, la finesse de sa langue jusqu'à devenir la destination préférée de la clientèle lui et son frère qui apprit parfaitement le métier et qui à l'image de son frère aine était persévérant, d'un naturel doux et de bonne moralité. Ils formèrent à eux deux un duo réussi dont les efforts et le travail se traduisirent par un volume de bénéfices encore plus importants; chaque fois que le duo amassait une grande somme, ils l'investissaient dans l'acquisition d'un nouveau taxi au point où ils sont arrivés à constituer une flotte complète et ont constitué une petite société de transport qui emploie une équipe de chauffeurs; les affaires ont continué de prospérer jusqu'à ce que la marque « Taxis El-Baraka » est devenue célèbre dans tout Damas et les circonscriptions environnantes.

Baraket n'a pas aimé que ses sœurs restent cloitrées à la maison sans travail ; il a proposé de leur ériger un atelier de couture surtout qu'elles connaissent bien ce métier ; l'idée a été bien accueillie par elles ; l'atelier a été construit et doté de machines de couture et de broderie les plus modernes. Le projet a connu un succès retentissant, l'argent coulait à flots sur la famille introduisant l'aisance dans leur situation et leur permettant même un niveau de vie élevé. Frères et sœurs se marièrent et fondèrent des foyers qui eurent beaucoup d'enfants filles et garçons, ils vécurent dans le bonheur et la prospérité notamment d'entre eux Baraket qui se prosterna devant Dieu Le remerciant pour ses nombreux bienfaits.

******

Les jours et les mois passèrent au point où sept années se sont écoulées pleines de bonheur et de joie dans le foyer de Baraket qui un jour et comme à son habitude rentra à la maison et après avoir pris un repas copieux embrassa ses trois enfants et se mit au lit rassuré et tranquille pour se reposer d'une journée de labeur. Dès qu'il posa la tête sur l'oreiller, il sombra dans un sommeil profond qui le transporta du monde de l'éveil au monde du rêve, des lumières spectrales furent allumées entre ses yeux, il apparut lui-même portant un seau et se dirigeant vers un puits profond dans un désert désolé ; dès qu'il approcha le puits, il vit Abu-Yacine, son ami qu'il a connu depuis sept ans et qui lui a offert une grande somme d'argent à l'origine de sa fortune présente et qui en a fait l'un des notables de Damas. Il s'écria d'étonnement et de surprise :

- Abu-Yacine ? Qu'est-ce qui t'a ramené jusqu'ici ? Ne t'ai-je pas déposé devant ta maison d'El-Hassaké ?

- Si tu m'as déposé mais je suis chargé de temps à autre de surveiller mon puits !

- C'est ton puits ?

- Oui, c’est mon puits ! Et je ne permets qu’aux gens braves comme toi de puiser, lance ton seau et prends ce que tu veux de cette eau agréable !

- Merci, mon ami pour ta générosité et ta largesse !

Baraket jette son seau au fond du puits qui est rempli d’eau, il se penche un peu pour l’attirer à lui, il sourit en l’attrapant et lève les yeux là où se tient debout son ami pour lui renouveler ses remerciements, il ne le trouve pas. Il regarde à droite, à gauche et à l’arrière, il ne lui trouve aucune trace comme s’il était une simple odeur qui s’est répandue dans l’atmosphère mais il a été surpris par la désolation désertique qui l’entourait et qui s’est transformée en un clin d’œil en verger étendu où sont alignés toutes sortes d’arbres fruitiers élevés de couleurs différentes chargés de fruits qui pendent. A perte de vue, le sol est recouvert de fleurs de couleurs différentes comme si c’était de l’ambre, des émeraudes et du corail au milieu desquels coulaient des ruisseaux et des rivières. Le ciel est embelli par une lune qui diffuse ses lumières créant une écharpe argentée donnant une impression de quiétude et sérénité au cœur de Baraket qui se croyait à cet instant même à l'intérieur du Paradis tel que décrit dans les livres. Son cœur est comblé d'un bonheur indescriptible de tranquillité et de quiétude ; son âme déborde de pureté et de limpidité. Il s'est senti planer dans un monde spectral dénudé de toute trace de mal et de négativité. Au milieu de l'extase où il s'enivrait, il se rappela son ami Abu-Yacine qui lui est apparu pour redisparaître aussitôt laissant derrière lui une fragrance de musc mêlée au parfum de rose et de lavande qui envahit son être. Il se retourna vers l'origine de l'odeur et vit son ami réapparu habillé de blanc étincelant, il courut vers lui à toute vitesse lui disant :

- Où étais-tu passé, mon ami ? Je voulais m'enquérir de tes nouvelles, es-tu toujours à El-Hassaké ? Oh ! combien j'ai souhaité recevoir ta visite à Damas, mais tu n'es pas venu. Moi-même, pendant les dernières années, j'étais très occupé par le travail, je n'ai pu te rendre visite !

- ça ne fait rien, mon ami, je sais que la vie est pleine de soucis mais en ce qui me concerne, j'ai quitté El-Hassaké depuis très longtemps !

- Tu as déménagé d'El-Hassaké ? Pour aller où ?

- Là où tu me vois maintenant, au Paradis ! Dit Abu-Yacine avant de faire ses adieux à son ami et disparaitre à nouveau subitement comme une lumière qui s'évapore dans l'atmosphère ! A cet instant Baraket revint au monde des vivants. En ouvrant les yeux, il ne vit que des spectres d'obscurité planer dans la pièce, il se tourna vers la droite il vit sa femme enfoncée dans un profond sommeil, ne reconnaissant de son visage que ce que permettait la lumière du lampadaire extérieur.

Il s'extirpa de son lit et jeta un coup d'œil sur l'horloge murale et comprit qu'il ne s'est passé de la nuit qu'une heure seulement et que la nuit vient à peine de commencer. Il sentit qu'il avait perdu le sommeil et que ce dernier ne reviendrait pas facilement après le rêve qui, à vrai dire ne l'importunait pas mais lui avait rappelé une question qu'il avait oubliée dans le feu des affaires florissantes, sources d'argent volumineux pour assurer l'avenir.

Il s'est rappelé son ami à qui il a voulu un jour nuire en le tuant par traitrise alors que Abu-Yacine le lui a rendu en le faisant profiter de sa chevalerie, sa grandeur d'âme et sa générosité, il est à l'origine de la prospérité et le bien-être dans lesquels il nage actuellement lui et tous les membres de sa famille. Il s'est rappelé la dette toujours suspendue à son cou et dont il est toujours redevable. Il comprit la nécessité de restituer la somme d'argent à son propriétaire puisque Dieu en a fait un homme prospère et même un millionnaire. Il prit la décision ferme de se rendre à El-Hassaké notamment pour avoir des nouvelles de son brave ami et raviver le temps de l'amitié toujours présente dans le cœur malgré l'éloignement et les années passées.

Le lendemain matin, Baraket se réveilla avant l'aurore Comme à son habitude pour accomplir sa prière. Il prend son petit déjeuner et avant d'aller à la société, il passa chez son frère Salah et ensemble, ils prirent la voiture l'informant de son désir de se rendre à El-Hassaké pour rendre visite à son ami qui lui a prêté de l'argent depuis bien des années pour lui restituer sa dette, Salah répondit :

- Oui, c'est une très bonne chose de s'acquitter de ses dettes, mon frère. Dieu nous a octroyé de grandes richesses, il est de ton devoir aujourd'hui de restituer l'argent à son propriétaire ; mais est-ce que tu te rappelles encore de son adresse à ce jour ?

- Oui et je ne l'oublierai pas même si j'atteins un âge très avancé !

- Bien, je te propose t'accompagner moi et mon ami Ziad. Il a des oncles à El-Hassaké, il sera pour nous certainement un guide utile au cas où on se perdrait ou on ne retrouverait pas le domicile de Abu-Yacine. Rappelle-toi que l'ensemble des gouvernorats ont été touchés par la loi de démolition des constructions illicites pour construire des quartiers nouveaux ; il se peut que le monsieur ait déménagé de son ancienne maison ou qu'il ait quitté El-

Hassaké définitivement, sept années complètes c'est une durée suffisamment longue pour que les conditions des gens et leur situation changent. Il nous est impossible de prédire ce que nous pouvons trouver à notre arrivée là-bas !

- Tu as raison, mon frère, invites ton ami Ziad à se joindre à nous au cours du périple de demain si toutefois il est prêt à nous accompagner !

- Les trois compagnons chacun de son côté, après avoir accompli la prière d'El-Fajr chez lui, se sont donnés rendez-vous devant la maison de Baraket qui avait sorti la voiture du garage et avait pris la direction d'El-Hassaké avec ses compagnons dans l'espoir de retrouver son brave ami pour lui restituer sa dette. C'était une journée printanière et les trois compagnons ont profité des longues heures du voyage à converser et profiter de la beauté des vues panoramiques qui caractérisent toutes les villes, villages et campagnes qu'ils ont traversés sur le parcours entre Damas et El-Hassaké s'arrêtant de temps à autre dans les aires de repos érigés en chemin pour prendre un peu de repos, pour se restaurer ou étancher leur soif jusqu'à parvenir à la ville aux environs de trois heures du soir ; à ce moment Baraket débuta la recherche de la maison de son ami, le cœur battant fort de ferveur et brûlant de désir de le rencontrer. Il emprunta les mêmes boulevards et rues qu'il traversa sept années auparavant ; il a été surpris par les changements opérés dans toute la ville ! Des quartiers entiers ont été démolis remplacés par des bâtiments élevés ; d'autres ont été maintenus et de nouvelles maisons ont vu le jour donnant lieu à un encombrement de bâtiments et de personnes. Des jardins, des stades, des marchés ont été construits agrandissant la ville et augmentant son encombrement. Mais malgré les changements intervenus, sauf que la mémoire de Baraket lui a été d'un grand secours et après maints détours, il retrouva le quartier où habite son ami, il reconnut la porte de la maison à l'aide du murier qui ombrage la petite maisonnette arabe et projette ses branches pendantes sur sa terrasse, il s'arrêta souriant et dit avec enthousiasme :

- C'est là, voici la maison !

- Es-tu sûr ? rétorqua Salah ?

- Oui, plus que sûr !

Baraket gara la voiture devant la maison et descendit tout seul, ses compagnons sont restés à l'attendre les yeux fixés sur lui frappant à la porte une fois, puis deux jusqu'à ce qu'il entende une voix de l'intérieur dire :

- J'arrive, j'arrive, par Allah !

La porte est entrebâillée laissant apparaitre le visage d'une femme, la cinquantaine peut être un peu moins ; portant autour de la tête un châle blanc semblable à celui que portent les femmes pendant la prière tout en essayant de cacher son corps derrière la porte se contentant d'allonger le visage pour distinguer le visiteur et avant qu'elle ne prononce aucun mot, Baraket la devance et dit :

- Bienvenue, ma sœur, comment ça va ?

- Bien, Dieu merci, qui êtes-vous ?

- je m'appelle Baraket, un ami d'Abu-Yacine, je suis venu lui rendre visite !

- Abu-Yacine ? Abu-Yacine est parti en Arabie Saoudite depuis dix-sept ans et depuis il n'est pas revenu au pays et on n'a aucune nouvelle de lui ; savez-vous quelque chose sur lui ? demande-t-elle surprise ? »

- Quoi ?

Après un moment d'inattention aux paroles de la femme qui lui paraissaient étranges ou plutôt complètement absurdes, il lui semblait à l'instant qu'elle plaisantait avec lui ou ne savait pas ce qu'elle disait alors qu'il n'observait aucun signe de la plaisanterie ou de l'inconscience dans les traits de son visage. Elle était sérieuse et sûre de ses paroles tandis que lui, il était d'une assurance qui ne souffrait pas le moindre doute ! Il éleva la voix s'interrogeant et démentit ses assertions d'un ton non moins confiant que sa propre confiance dans ce qu'elle avait dit :

- Impossible ! Comment ne serait-il pas revenu depuis dix-sept ans alors que je l'ai ramené jusqu'ici moi-même depuis seulement sept ans ? La preuve ! Il m'a dit qu'il revenait d'Arabie-Saoudite après y avoir passé dix années il portait avec lui beaucoup de valises et de bagages... !

- Il est vrai que Abu-Yacine est parti en Arabie-Saoudite l'année 1970 mais il n'est pas revenu depuis cette date en Syrie et depuis sept ans, il nous a envoyé des valises et des bagages comme vous le dites avec un envoyé de sa part mais il n'est pas revenu lui-même et depuis cette date on n'a aucune nouvelle de lui...

Baraket resta cloué sur place, les questions se bousculaient dans sa tête craignant de s'être trompé de maison. Mais la femme lui certifia ne s'être pas trompé et que la maison est bien celle d'Abu-Yacine lui-même, portant le nom de famille « El-Bakara », âgé actuellement de quarante-cinq ans marié père d'un enfant unique prénommé « Yacine » parti en Arabie-Saoudite depuis dix-sept années et n'en n'est pas revenu jusqu'à ce jour.

- Bizarre, toutes les informations concordent sauf une se rapportant à celle de son retour. Comment la femme peut-elle prétendre que l'homme n'est pas revenu d'Arabie-Saoudite depuis son départ là-bas alors qu'il l'a emmené lui-même depuis sept ans seulement de l'aéroport de Damas à El-Hassaké puis jusqu'à la porte de sa maison, cette même porte dont il se rappelle comme il l'a vue la première fois ? Une maison de style arabe simple, devant laquelle se dressait un murier immense et puis comment oublier le quartier resté tel quel car n'ayant pas été touché par les modifications. Baraket demeura pensif quelques instants puis scruta la femme avec un air de doute avant de la questionner, lui qui n'a trouvé aucune échappatoire sauf la questionner pour éclaircir la question qui commençait à le rendre fou :

- Puis-je savoir exactement qui vous êtes, madame ?

- Moi, je suis la sœur d'Abu-Yacine !

Baraket se tut quelques instants continuant à fixer la dame qui se tenait devant lui jusqu'à ce que ses regards suspicieux éveillèrent sa hantise, elle se rappela qu'elle discutait avec un étranger, elle est alors prise par le doute sur lui comme lui doutait de ses paroles, elle confirma ce qu'elle avait dit auparavant :

- Je t'ai dit que mon frère Abu-Yacine n'est pas revenu chez nous depuis qu'il est parti en Arabie Saoudite depuis dix-sept années bien comptées ; je vous demande de m'excuser maintenant car j'ai beaucoup de travaux à terminer ; elle allait refermer la porte lorsque Baraket la retint lui disant :

- Doucement ma sœur, il y a quelque chose de grave dans le problème, j'ai ramené moi-même votre frère depuis seulement sept ans à cette maison, il m'avait raconté beaucoup de détails de sa vie, est-il raisonnable que je me sois trompé sur la personne alors que ce que vous m'avez dit sur lui correspond exactement à ce qu'il m'a dit sur lui-même !

Baraket et la femme sont restés là entre question et réponse dans un débat ardent alors que Salah et Ziad les suivaient attentivement et malgré qu'ils ne pouvaient entendre les propos sauf qu'ils avaient senti que quelque chose ne tournait pas rond, ils sont descendus de la voiture et ce sont rapprochés quelque peu. Salah questionne son frère : « Y a-t-il un problème ? », la femme comprit que l'homme avait deux compagnons, elle est prise de crainte et poussa un peu le battant de la porte jusqu'à presque le fermer et dit d'un ton ferme qui ne supportait aucune discussion :

- Ecoute, mon frère ; moi, j'ai dit ce que j'avais à dire et si tu veux t'assurer plus de mes paroles, viens le soir tu trouveras l'épouse de mon frère ; elle en sait beaucoup plus que moi sur la nuit où notre frère a envoyé l'homme qui nous a ramené les bagages et les cadeaux que notre frère a envoyés avec lui comme tu trouveras mon mari ; vous devez savoir que les demeures sont inviolables ! ».

La femme ferma la porte après avoir terminé ses paroles. Salah et Ziad revinrent à la voiture suivis de Baraket qui n'arrêtait pas de claquer des mains et de regarder derrière lui scrutant la porte, la façade de la maison et tout le quartier.

- C'est lui sans aucun doute ! J'en suis certain !

Baraket monta dans la voiture et ferma la porte en la claquant instinctivement avec nervosité ; il rejoignit ses compagnons dont l'étonnement n'était pas moindre que le sien, Salah le questionna :

- Qui est cette femme et que t'a-t-elle dit de si énervant pour que l'anxiété et la confusion te troublent à ce point ?

- C'est la sœur d'Abu-Yacine, elle m'a choqué par ses dires selon lesquels son frère ne serait jamais revenu d'Arabie-Saoudite depuis dix-sept ans ! Comment peut-elle dire cela alors que je suis sûr de l'avoir ramené moi-même depuis sept ans jusqu'au seuil de sa maison, cette maison que je continue de me rappeler comme je me rappelle très bien tout le quartier !

Salah et Ziad échangent les regards puis tous les deux fixent leurs regards sur Baraket, l'étonnement leur rougit les joues, Ziad s'exclama :

- Est-ce-que tu es sûr d'avoir transporté la personne elle-même cette nuit ?

- Naturellement, certain ; tous les détails que m'a donné la femme sur son frère concordent avec ce que m'a dit Abu-Yacine depuis sept ans et comment pourrais-je oublier tout cela alors que nous avons voyagé ensemble sur une distance de dix heures complètes au cours desquelles il m'a raconté beaucoup de choses sur lui, sur sa famille, et sur son voyage en Arabie-Saoudite. De plus la femme m'a certifié qu'ils ont réceptionné les bagages, l'argent , l'or et les cadeaux d'un homme envoyé par Abu-Yacine pour leur remettre ces choses, est-il possible que j'ai transporté un homme qui aurait imité la personne de Abu-Yacine ?dit Baraket tout en remuant les choses dans sa tête essayant de mettre la main sur le chaînon manquant qui souffle la tempête dans sa tête et le conduit à la folie mais il ne trouve aucune explication qui se rapproche de la logique et apaise son cœur. A ce moment il pense qu'il est inévitable de retourner le soir pour voir la femme de Abu-Yacine qui, sans aucun doute connait beaucoup de choses pouvant aider à résoudre l'énigme mystérieuse ! Baraket et ses compagnons se dirigent vers un restaurant proche, ils y restent près d'une heure et passent le reste du temps à flâner dans les rues d'El-Hassaké et ses quartiers ne cessant pas de commenter le sujet mystérieux qui les taraudait surtout Baraket qui chaque fois qu'il tentait de trouver une explication au sujet, toutes les possibilités se brisent sur le mur de l'illogique jusqu'à ce que sonnent six heures, le trio décide de retourner à la maison de Abu-Yacine pour parler avec son épouse dans l'espoir d'obtenir une réponse convaincante à tous leurs questionnements déroutants.

Baraket frappa à la porte, ses deux compagnons étaient avec lui ; cette fois-ci c'est un homme qui leur ouvre et se présente comme étant « Abu-Maher », le mari de « Oum-

Maher », la sœur de Abu-Yacine. Baraket se présente ainsi que ses compagnons, se disant amis de Abu-Yacine depuis une longue date et sont venus le voir pour une question urgente ; mais Abu-Maher répondit aux questions du trio relatives à son gendre de la même façon que celle de son épouse certifiant que l'homme qu'ils recherchent n'a pas donné signe de vie depuis son départ en Arabie Saoudite soit près de deux décades, Baraket lui dit :

- Est-ce qu'il nous est possible de contacter sa femme et de discuter avec elle ?

- Bien, attendez-moi un instant s'il–vous-plait !

Abu-Maher prit un moment à l'intérieur de la maison puis revint suivi de l'épouse de Abu-Yacine « Oum-Yacine » la tête et la moitié du visage enveloppés dans un châle et derrière la porte entrebâillée apparaissent à peine ses yeux, Baraket lui pose la même question qu'il a posée à la sœur de Abu-Yacine et son gendre et sa réponse était identique aux leurs certifiant à son tour qu'elle n'a pas revu son mari depuis qu'il a émigré en Arabie-Saoudite depuis dix-sept ans et qu'il lui a envoyé et à sa famille des bagages, de l'argent, de l'or et des cadeaux avec quelqu'un envoyé de sa part.

- Etes-vous certaine, madame que votre mari n'est pas retourné à El-Hassaké depuis sept ans et n'est pas venu accompagné des bagages, de l'argent et les cadeaux dont vous parlez ? Questionna Baraket, les signes du désespoir, de la tension visibles sur son visage stupéfait !

- Yuuuh ! s'écria-t-elle ! Évidemment que je suis certaine ! Est-il possible que je confonde entre mon mari et quelqu'un d'autre !

Les signes du choc apparaissent sur le visage de Baraket. Il était tout pâle, Ses yeux s'écarquillaient tantôt en fixant l'homme et la femme, tantôt en jetant des regards furtifs vers Salah et Ziad. Il fut envahi par une peur et une anxiété subite, son souffle se troubla, il se sentit envahi par un frisson froid et ses membres se mirent à trembler. Soudain, le silence s'empara de sa langue qui se noua et son cerveau cessa de fonctionner ; il se suffit de lever sa main ; Abu-Maher et Oum-Yacine saluèrent l'ensemble sèchement en signe d'adieu avec appréhension derrière la porte qu'ils refermèrent au nez et à la face des trois hommes restés ébahis ! Ils remontèrent dans la voiture, que Ziad se propose cette fois-ci de conduire après que Baraket ait ressenti l'incapacité à le faire, le cerveau en proie à la perturbation et perdant toute concentration. Il se tourna vers son frère et son camarade voulant prendre l'initiative de la conversation, il les a trouvés en train de le fixer avec un œil de doute et de suspicion, il dit :

- Quoi ? Qu'est-ce-que vous avez à me regarder comme ça ? » Salah répondit :

- est-ce-que tu ne nous aurais pas menti toutes ces années passées en nous faisant croire que l'homme t'aurait donné l'argent de son plein gré ? Est-ce-que en réalité tu ne l'aurais pas tué et enterré dans le désert et volé son argent comme tu voulais le faire ?

Baraket senti à ce moment que son cœur et son esprit ne pouvaient supporter plus de chocs ! Il ne restait plus que le doute de son frère de lui pour être la proie de la folie. Stupéfait, il s'écria à haute voix :

- Non, je ne l'ai pas tué je le jure. Supposons que je l'ai fait ; est-ce-que je suis stupide au point de venir raviver le passé et lever le voile sur mon crime et m'impliquer de la sorte ?

- Oui, c'est vrai, dit Salah, excuses-moi, frère mais cette affaire c'est à perdre son latin ! » Répondit Salah sur un ton et des regards de pitié pour son frère ; le trio de compagnons se sont tus réfléchissant puis Baraket s'interrogeant dit :

- Si le vrai Abu-Yacine, fondamentalement n'est pas revenu d'Arabie Saoudite alors qui serait l'homme que j'ai accompagné ? Et comment aurait-il pu connaitre tous les détails de la vie de Abu-Yacine et les horreurs qu'il a vécues pendant son émigration en Arabie-Saoudite et les richesses qu'il a amassées en exil ? et puis comment s'est-il permis de disposer de l'argent d'autrui en octroyant à un étranger comme moi une grande somme sans l'avis du propriétaire ? Ne trouvez-vous pas tout cela bizarre ... ?!

- Oui, c'est vrai, toute la question est un véritable puzzle déroutant ! dit Salah. Une idée passa par la tête de Ziad qui dit :

- L'un de mes oncles a pour ami le « Mokhtar[2] » de la ville et moi je suis sûr qu'il peut nous aider à connaitre la vérité mystérieuse !

Les trois prennent la direction de l'oncle de Ziad, ce dernier les accompagna à la demeure de son ami « le Mokhtar », le Cheikh leur souhaita la bienvenue. Baraket ne perdit pas une minute lui le pressé d'élucider le code de l'affaire; il raconta fidèlement au Mokhtar son histoire avec Abu-Yacine depuis qu'il l'a rencontré il y a sept ans à l'aéroport de Damas et lui proposa de l'emmener à EL-Hassaké pour trois milles livres en passant par l'histoire qu'il lui a racontée sur son émigration en tant que « clandestin », les horreurs qu'il a vécues dans ce périple,

[2] -Le Mokhtar :le maire de la ville

le travail qu'il a accompli en Arabie Saoudite et les richesses qu'il a amassées en conséquence de quoi est né en Baraket un sentiment de jalousie lequel sentiment a donné naissance au désir de tuer son client pour le détrousser de ce qu'il avait ramené comme argent et or avant qu'il ne renonce à la dernière minute. Abu-Yacine décide alors de lui faire don d'une grande somme d'argent pour le faire sortir de son état de pauvreté mais Baraket a considéré cette somme comme une dette. Il est venu justement pour rembourser sa dette après qu'il ait investi cette somme et grâce à Dieu cet investissement a été une grande réussite qui a fait de lui un homme riche. Mais quelle n'a été sa stupéfaction lorsqu'il s'est présenté à la maison de son ami pour rembourser sa dette et avoir des nouvelles de lui lorsque toute la famille lui certifie qu'il n'est pas retourné à la maison depuis dix-sept années et qu'il est encore à ce jour en Arabie Saoudite et n'est pas entré en territoire syrien depuis ce jour malgré que Baraket est certain de l'avoir rencontré et l'avoir accompagné à El-Hassaké lui-même jusqu'à la porte de sa maison depuis sept ans seulement. Au demeurant, il continue de se le rappeler introduisant dans le trou de la serrure la clé qu'il a retirée de la poche de sa djellaba pour ouvrir la porte et entrer dans sa maison avant de démarrer sur le chemin du retour à Damas.

- « Une histoire étrange, mystérieuse je n'ai jamais entendu pareil ! » dit le Mokhtar, les traits du visage marqués par l'étonnement et même la stupéfaction. Il s'est mis à réfléchir à ce qu'il vient d'entendre à l'instant puis il a reposé les mêmes questions que n'ont cessé de se poser Baraket, Salah et Ziad depuis le début de leurs entretiens avec la sœur de Abu- Yacine. Ils se sont tous engagés dans les méandres d'une discussion compliquée ayant duré plus de quatre heures, sans qu'aucun d'entre eux n'en sorte avec une solution au mystère et des réponses adéquates aux questions posées comme si c'était des incantations de magicien que lui-même est incapable d'éclaircir ; puis une idée vint à l'esprit du Mokhtar, il dit :

- Ah ! C'est vrai, j'ai un ami qui travaille à la police criminelle et qui peut enquêter pour savoir si Abu-Yacine est effectivement entré dans le territoire de Syrie depuis sept ans ou pas ?

Bonne idée approuvée par l'ensemble qui a redonné de l'espoir à leurs cœurs. Le Mokhtar constata qu'il faisait nuit et proposa à ses hôtes de les héberger pour la nuit mais Ziad s'excusa et affirma que le groupe a déjà fait l'objet d'une invitation de la part de son oncle, l'ensemble se leva reconnaissant au Mokhtar la chaleur de l'accueil dans l'espoir d'une prochaine rencontre pour lever le voile de l'ambigüité sur la vérité.

4

Baraket vivant depuis deux jours sur les nerfs, ne dormant pas la nuit, la tête violemment soufflée par les pensées noires et le cœur rongé par l'angoisse. Il s'est levé le matin avec l'espoir de recevoir une communication téléphonique du Mokhtar. Effectivement le téléphone fixe sonna dans la demeure de l'oncle de Ziad c'était la communication tant attendue, il prit le combiné le cœur battant fort et la respiration troublée, au bout du fil il reconnut la voix du Mokhtar qui lui dit :

- Tu as raison Baraket, ton ami Abu-Yacine est entré en Syrie il y a sept ans par l'aéroport international de Damas. Je pense que sa famille ici doit cacher quelque chose et nous devons alerter la police immédiatement. C'est seulement à cet instant que Baraket reprit son souffle et senti au fond de son cœur la satisfaction et la sérénité envahir ses nerfs ; il certifia à son interlocuteur au bout du fil :

- Ne vous ai-je pas dis que j'étais certain de l'avoir conduit jusqu'à la porte de sa maison en cette nuit ? ! il nous faut commencer à le chercher sans autre retard.

- ça, c'est un autre problème, mon cher Baraket, seule la police est à même d'ouvrir une enquête et trancher sur la question de la disparition de l'homme ici en Syrie. Venez tous ici chez moi pour que nous allions ensemble au Commissariat de Police pour présenter une notification officielle de sa disparition !

- Bien, j'arrive immédiatement !

Quelques jours après la présentation par Baraket et Mokhtar d'une notification de disparition de Abu-Yacine, l'enquête débute au Commissariat de Police par la convocation de son épouse Oum-Yacine, sa sœur Oum-Maher et son époux Abu-Maher ; ils les tous interrogés chacun à son tour. La sœur et son mari ont affirmé n'être pas présents le jour où l'envoyé de son frère est arrivé porteur des bagages contenant les cadeaux et l'argent qui leur ont été envoyés par son frère et qu'ils ne l'ont pas vu depuis dix-sept ans et qu'ils ne savent pas plus que ce que leur a raconté la femme de son frère sur cette nuit.

Puis ce fut le tour de l'épouse de Abu-Yacine d'entrer le Bureau des Investigations, l'un des enquêteurs lui pose la question :

- Où se trouve votre mari ?

Elle le fixe d'un regard étonné où la peur n'est pas absente et lui répond :

- En Arabie Saoudite, monsieur depuis dix-sept ans, il n'est pas revenu à ce jour !

- Etes-vous sûre ?

- Oui, Monsieur, aussi sûre comme je vous vois ici devant moi maintenant !

- Qui est venu chez vous il y a sept ans vous remettre de l'argent, des cadeaux et autres choses ?

- Un envoyé de la part de mon mari prétendant être son ami qui m'a remis les valises sans décliner même pas son nom !

- Pouvez-vous nous le décrire ?

- Je ne peux me rappeler beaucoup de détails car il faisait sombre et les sept années passées suffisent pour effacer de ma mémoire ces petits détails mais je me souviens qu'il était élancé, qu'il avait la peau couleur châtaine, les cheveux et les yeux noirs, de corpulence moyenne ni maigre ni gros.

- C'est tout ce que vous vous rappelez ?

- Oui, Monsieur !

L'enquêteur se rapprocha légèrement de la suspecte et la trouva en train de croiser les doigts de ses mains entre eux avec nervosité et compris qu'elle cachait beaucoup de choses derrière sa confusion patente puis il l'a surprise lui disant :

- Mais Baraket, le chauffeur de taxi certifia avoir conduit lui-même votre mari, il y a seulement sept ans de Damas à EL-Hassaké et l'a même vu ouvrir la porte de sa maison avec la clé avant de démarrer pour retourner à Damas, comment expliquez-vous cela ?

- Il ment, sans aucun doute ; mon mari n'est pas revenu de son voyage et nous a envoyé une autre personne à sa place pour nous remettre les bagages puis il est parti !

L'enquêteur fixa le visage de la femme pour quelques instants et sentit qu'elle cachait derrière les regards misérables avec lesquels elle le regardait un mal évident ; et ce qui l'a rendue encore plus suspecte c'est sa persistance à dire que son mari n'est jamais revenu d'exil alors que les enquêtes ont démenti ses assertions et confirmé que Abu-Yacine est effectivement revenu en Syrie il y a sept ans. Lorsque l'enquêteur en a eu marre de son entêtement il fit appel au gardien qui se tenait debout derrière la porte, la femme s'est imaginée que le moment de sa libération était venu mais elle a été stupéfaite de voir l'enquêteur lui ordonner de la placer en garde à vue. A ce moment, elle est prise de désarroi et s'excite devant le gardien qui lui passait les menottes aux mains lui ordonnant de marcher devant lui et se met à hurler de toutes ses forces :

- Je ne sais rien ! Je n'ai rien à voir avec tout ça !

Puis l'enquêteur appela Baraket pour l'interroger à son tour en tant que témoin principal et plaignant dans l'affaire de la disparition d'un homme qui n'a pas réapparu depuis des années alors que personne ne sait rien de lui. Il lui demande de s'asseoir et lui dit :

- l'épouse de la personne disparue maintient fermement que son mari n'est jamais retourné à El-Hassaké et qu'un homme envoyé de sa part est celui qui a ramené les valises ; de même qu'elle a démenti tes paroles selon lesquelles tu aurais accompagné Abu-Yacine cette nuit suggérant que tu aurais conduit l'homme envoyé et non pas son mari lui-même !

- Impossible ! Impossible ! Cette femme ment ; j'ai conduit Abu-Yacine en chair et en os, il est impossible que ce soit une autre personne que lui car il m'a raconté dans les détails sa vie qui correspond exactement à tout ce que m'ont raconté sa femme, sa sœur et son mari. Il m'a informé sur son travail en Arabie-Saoudite et comment il a amassé l'argent et son désir d'ériger plusieurs projets dès son arrivée à El-Hassaké et en plus de tout cela il m'a fait don d'un montant de deux cent mille Livres, une véritable fortune à l'époque comment un simple envoyé peut-il gérer la fortune d'autrui de cette façon et faire un don d'une somme aussi importante ?

L'enquêteur trouva les paroles de Baraket très raisonnables et malgré cela il a poursuivi l'enquête avec beaucoup de persévérance pour retrouver le chaînon manquant de l'affaire et dit :

- Bien, parlons description. La femme m'a décrit l'homme qu'elle prétend être l'envoyé de son mari qu'il est élancé, ni maigre ni gros, couleur châtaine, cheveux et yeux noirs, comment tu décris l'homme qui était avec toi ?

Baraket s'est montré admiratif devant l'ingéniosité de la femme et tout à fait ahuri, il déclara :

- Ce sont exactement les traits de l'homme que j'ai conduit, les traits d'Abu-Yacine !

- Quel coïncidence ! s'écria l'enquêteur. Baraket lui répond :

- Non, ce n'est pas une coïncidence ! Mais une ruse de la femme espiègle pour tromper les enquêteurs et rendre plus logique et raisonnable la probabilité que l'homme que j'ai conduit soit un autre et non pas son mari ! »

A ce moment l'enquêteur se tapa le front avec la paume de la main et s'écria :

- Oh ! Mon Dieu comment se fait-il que je n'y ai pas pensé auparavant ?!Toute l'intrigue aurait pu être réglée par une seule photo d'Abu-Yacine. On aurait pu savoir si sa femme ment ou pas ! L'enquêteur convoqua la sœur de l'homme disparu une seconde fois lui demandant une photo de son frère, ce qu'elle fit avec célérité. Dès que le regard de Baraket tomba sur la photo, il s'écria disant :

- Oui, c'est lui, mon ami Abu-Yacine que j'ai conduit il y a sept ans et m'a fait don de l'argent. L'enquêteur s'assura à ce moment que la femme avait caché pendant toute la durée la réalité de la disparition de son mari et qu'elle mentait pour tromper les enquêteurs et éloigner d'elle les soupçons, il ordonna au gardien de la présenter. Il la ramena dans un état d'effondrement et en pleurs terrifiée par le spectacle de la prison et des prisonnières, ayant perdu toutes ses forces en s'affalant sur la chaise et tremblante ; l'enquêteur remarqua sur elle les effets de la fatigue et de la frayeur, il décida d'exploiter son état pour enfin acquiescer et reconnaitre la vérité, il lança devant elle la photo de son mari et dit :

- Qui est-ce ?

- C'est mon mari ! répondit Oum-Yacine la gorge sèche et le front en sueur.

- Baraket a vu cette photo et a reconnu ton mari et nous a confirmé que c'est l'homme qu'il a conduit pendant cette nuit ce n'est plus la peine de continuer à mentir ou à tromper maintenant. Il vaut mieux pour toi reconnaitre la vérité et nous dire ce que tu sais sinon tu seras considérée comme inculpée principale dans l'affaire de sa disparition et tu seras alors condamnée à mort pour l'avoir tué !

- Non, ce n'est pas moi qui l'aie tué ! Ce n'est pas moi qui l'aie tué !

La femme s'est effondrée criant, de grosses larmes coulant de ses yeux en raison de l'intensité de la frayeur et même de la terreur que lui inspire l'image de la corde de la pendaison entre ses yeux ; elle dit alors d'une voix tremblante et étouffée :

- Je jure ne l'avoir pas tué, « Assef » est le seul à avoir fait ça !

- Quoi ? Qui c'est ce « Assef » ?

- C'était mon amant on s'était séparés depuis plus de deux ans !

Les enquêteurs échangent des regards entre eux en signe que la minute de la vérité a sonné ; l'un d'eux ramena un verre d'eau qu'il présenta à la femme pour la calmer et lui faciliter la parole ; elle le but avidement en raison de l'intensité de sa soif.

Après avoir étanché sa soif, diminué ses sanglots et asséché les larmes de l'effondrement, elle dit :

- Je vais vous raconter l'histoire depuis son début. J'ai été mariée toute jeune à Abu-Yacine, j'ai été enceinte dès la première année de notre mariage ; les conditions de notre vie étaient très dures. Mon mari a été obligé d'émigrer en Arabie Saoudite pour travailler ; ses parents se sont éteints pendant la période d'exil à l'étranger ; j'ai souffert la galère pour subvenir à mes besoins et ceux de mon fils j'ai été obligée de travailler dans un atelier de couture où j'ai fait la connaissance de « Assaf », le patron de l'atelier; et avec le temps est née entre nous une relation, nous sommes devenus amants et il venait souvent chez moi pour passer la nuit après avoir dit à sa femme qu'il était en voyage pour approvisionner la matière. Des années sont passées ainsi pendant lesquelles j'ai oublié que j'avais un mari. Un jour, de bon matin, je suis sortie faire mes courses, j'ai rencontré « Assaf » qui m'a informée qu'il me rendrait visite pendant la nuit comme d'habitude, j'ai envoyé mon fils « Yacine »au foyer de sa tante pour passer la nuit avec ses enfants ; j'ai préparé le diner et j'ai reçu mon amant, nous avons pris le repas ensemble et nous avons veillé dans la cour de la maison jusqu'à minuit puis nous avons décidé d'aller dormir alors il m'a précédé à la chambre, le temps d'éteindre les lumières pour le suivre j'ai entendu un cliquetis dans la porte comme si quelqu'un essayait de forcer la serrure, j'ai vite fait d'alerter Assaf qui tira son couteau des plis de sa djellaba et se faufila au dehors lorsque tous les deux on s'est retrouvés surpris et nez-à-nez avec Abu-Yacine sortant du vestibule et debout en face de nous dans la cour de la maison et nous étions tous deux presque nus .A Son tour, il a été stupéfait ou plutôt frappé par un choc très fort ; ses yeux s'écarquillent il jette la valise qui était dans sa main, son visage devient rouge ses veines se gonflent et ses artères également en raison de la colère rouge qui le transforme en monstre broyeur à cet instant. Sa voix s'élève de cris contre nous, il a proféré contre moi les pires insultes puis il s'est jeté contre Assaf le saisissant par le cou mais ce dernier était armé d'un poignard qu'il lui a enfoncé dans le cœur par un coup si fort que la lame du poignard s'est détachée du poignet demeurant à ce jour enterrée avec le cadavre. Assaf se baisse et examine le cadavre pour s'assurer de la mort de mon mari, craignant qu'il ne soit encore vivant, il s'est précipité vers la cuisine pour ramener un autre couteau avec lequel il lui a porté plus de dix coups remplissant la cour de sang et s'assurant qu'il a cessé de respirer. A ce moment, il me fixa, j'étais tremblante de frayeur, le visage plein de larmes, il se jeta sur moi avec des yeux foudroyant de mal. Il me tint par les cheveux et les tira tellement fort qu'il a failli me les arracher par les racines me menaçant de révéler le scandale et de dire que j'étais sa complice dans l'accomplissement du crime ou pire encore que c'est moi qui l'ai poussé à le commettre si jamais j'informais la police sur le crime qu'il est le seul à avoir commis de ses propres mains. Puis il m'a ordonné de l'aider à nettoyer la maison et cacher les traces de sang qui a giclé un peu partout. Avant cela, il a creusé une fosse très profonde au milieu d'un petit jardin attenant à la cour sur la partie droite où nous avons enterré ensemble le cadavre de mon mari après l'avoir enveloppé dans des sacs en nylon et l'avoir attaché avec des cordes et remettre dessus de la terre jusqu'à effacement définitif de toute trace. Par la suite nous nous sommes rendus dans le corridor, nous avons vu un grand nombre de valises et de sacs, nous les avons ouverts l'un après l'autre ; nous y avons trouvé beaucoup d'argent, d'or, de vêtements et autres que Abu-Yacine a ramenés avec lui d'Arabie-Saoudite. Assef a pris pour lui tout ce qu'il voulait prendre et m'a laissé le reste m'ordonnant de dire devant tout le monde que mon mari n'est pas revenu d'exil depuis son départ et qu'il m'a envoyé de l'argent, de l'or et autres biens avec une autre personne de sorte que le crime qu'il a commis lui avec mon aide forcée pour cacher les traces ne soit pas révélé de même qu'il m'a menacée de me tuer moi aussi si jamais je lui désobéi ou si je révèle son crime.

Les enquêteurs sont restés abasourdis par ce qu'ils viennent d'entendre, l'un d'eux dit :

- Et où se trouve Assaf maintenant ?

- Je ne sais pas, j'ai rompu avec lui depuis plus de deux ans car il s'est choisi une autre amante que moi et actuellement je ne sais pas où il peut être ; possible chez lui au quartier « El-Mufti » ou à l'atelier derrière sa maison.

- As-tu autre chose à ajouter ?

- Non, Monsieur !

- Remettez-la à la cellule !

L'enquêteur s'adressa à l'un des gardiens qui vint aussitôt pour lui mettre les menottes aux mains et la conduire à la cellule ; ses jambes affaissées ne pouvaient presque pas ni se tenir debout ni marcher.

L'enquêteur vit dans le couloir Baraket tête baissée et pensif donnant du dos au mur, il s'approcha de lui et lui demanda de l'accompagner à son bureau, les deux hommes marchèrent côte à côte jusqu'au bureau et s'assirent. Baraket sentit que l'enquêteur avait envie de dire quelque chose.

- Y a-t-il du nouveau dans l'affaire ?

- Oui, nous connaissons la cause de la disparition de ton ami Abu-Yacine !

- Quoi ? Est-ce-que sa femme vous a informé de quoi que ce soit ?

- Elle a tout reconnu, ton ami est mort tué depuis sept ans !

-Quoi ? Tué !

- Oui, malheureusement ! la nuit où tu l'as conduit, il est entré dans sa maison trouvant sa femme en train de le tromper avec son amant, les deux hommes se sont empoignés mais l'amant était plus fort que lui car il était armé d'un couteau, il lui a porté un coup mortel au cœur le tuant sur le coup après quoi il lui a encore porté plusieurs coups pour s'assurer définitivement de sa mort, puis il enveloppa son cadavre dans des sacs avec l'aide de sa complice après quoi ils creusèrent une fosse dans le jardin où ils l'enterrèrent et la couvrirent de carrelage. Depuis ce moment Abu-Yacine disparut pour l'éternité. Dès qu'il a entendu les paroles de l'enquêteur, Baraket sentit les artères de son cœur se déchirer de chagrin et de tristesse sur le brave homme victime des crocs de la trahison empoisonnée ; les larmes coulèrent de ses yeux et oppressé par le regret il dit :

- Ah ! Si j'avais accepté de rentrer cette nuit lorsqu'il m'avait invité à passer la nuit chez lui, je l'aurais protégé contre tout mal et je me serais sacrifié pour lui !

- Ne regrette rien, personne ne peut changer la Destinée, nous sommes incapables de comprendre les voies de la Sagesse d'Allah. Ne te tourmente pas plus que ça ! Je te promets que les criminels auront le châtiment qu'ils méritent... !

Juste après, l'enquêteur pris le téléphone et ordonna d'équiper une patrouille pour arrêter Assaf. Puis il prit contact avec la Police Scientifique afin d'équiper une ambulance et une autre patrouille pour aller au domicile de Abu-Yacine afin de déterrer son cadavre ; Baraket les accompagna, ils partirent tous à pied. Dès leur arrivée, ils entrèrent la maison où se trouvaient seulement la sœur de la victime Oum-Maher et son mari. La police débute son travail, des éléments sont chargés de casser le carrelage et se mettent à creuser l'endroit jusqu'à parvenir à des ossements humains les rassemblant dans un sac en plastique sous les regards de Baraket et la sœur de Abu-Yacine et son mari ahuris assurant n'être pas au courant de la mort du frère et du gendre et la présence d'un cadavre enterré à la maison ; l'enquêteur intervint pour soulager leur tension et calmer leur frayeur leur assurant qu'ils étaient loin de toute suspicion, la femme de la victime ayant reconnu que le crime était le fait de son amant et qu'il avait caché la cadavre avec sa complicité à elle. Dès qu'elle sut l'amère vérité Oum-Maher tomba évanouie en raison de la violence du choc, elle fut transportée à l'hôpital le plus proche alors que Baraket est demeuré oppressé par la tristesse et la douleur pour la destinée réservée à son malheureux ami tout en continuant à assister aux opérations de déterrement de son cadavre avec l'étreinte de son impuissance à faire quoi que ce soit sinon prier pour le brave homme dont Dieu a saisi l'âme pure dans ce bas monde d'impuretés pour l'élever à un endroit certainement plus propre et plus pur. Il s'est rappelé son rêve qui fut la cause directe de sa venue à la recherche de son ami et y trouva une petite consolation qui lui soulagea le cœur et calma sa douleur et son tourment notamment lorsqu'il se rappela l'apparence sous laquelle il lui était apparu dans le rêve la lumière irradiant de son visage lumineux, dégageant une odeur de musc et portant une robe blanche immaculée à l'image d'un ange descendu du ciel. Il implora Dieu de lui accorder le Paradis pour lieu de repos éternel car il Le mérite amplement.

La Police procéda à l'arrestation de Assaf et le sortit de sa demeure ligoté avec des menottes comme un rat apeuré et donné en spectacle aux siens et à ses voisins, rejoignant ainsi sa complice traitresse derrière les barreaux de la cellule solitaire pour terminer les enquêtes dans l'affaire en vue de les présenter devant le tribunal pour leur infliger le juste châtiment qu'ils méritent. Quant à Baraket, il a décidé de rentrer chez lui auprès de sa famille à Damas, mais auparavant il s'est dirigé vers la demeure de son ami Abu-Yacine pour visiter sa sœur et son mari avant son départ en vue de leur remettre le montant de la dette qui en principe devait être remis à son frère n'est-ce été que la Destinée en a décidé autrement que ce que personne n'aurait voulu précipitant la mort pour l'homme généreux et vertueux aux côtés de Son Seigneur.

Baraket frappa à la porte en cette soirée pleine de tristesse, c'est le mari qui lui ouvrit et l'accueillit au salon puis il appela son épouse qui vint souhaitant la bienvenue à l'invité qui ne trouva pas les termes convenables de condoléances pour apaiser le chagrin de la sœur horrifiée par la mort de son frère et calmer un tant soit peu de son grand malheur et pourquoi ce malheur ne serait-il pas immense pour elle qui comptait les journées et les nuits pour voir revenir d'exil à la fois son frère et son soutien et voilà que soudain elle est frappée de stupeur de savoir que pendant des années il était avec elle mais sous forme de cadavre inerte enterré dans le jardin là où elle est passée tant de fois et où son petit enfant a tellement joué. Quel grand malheur que celui qui lui est tombé sur la tête et quelle blessure profonde que celle qui lui a saigné le cœur ?

- Comment vas-tu sœur Oum-Maher ?

- Très-bien, Grâce à Dieu !

- Je suis venu vous faire mes adieux, car je compte démarrer si Dieu le Veut dans la soirée en direction de

Damas mais auparavant je voudrais vous remettre un dépôt.

Les deux époux se lancent un regard interrogateur d'étonnement tout en observant l'homme tendre la main vers sa petite valise pour en sortir un petit sac enveloppé qu'il mit entre les mains de la femme ajoutant :

- C'est une somme de deux-cent mille livres que le défunt m'avait prêtée il y a sept ans lorsque je l'avais conduit au cours de cette nuit fatidique ; j'étais venu la lui restituer mais il n'est plus là parmi nous et je pense que vous êtes la plus en droit de la recevoir. La femme émit un petit sourire sec et dit :

- Je vous remercie pour votre droiture. Je ne vous cache pas frère Baraket que je souffre moi et ma famille actuellement de l'indigence ; mon mari a perdu son emploi depuis trois ans après la fermeture de l'usine où il travaillait à tel point que ne pouvant payer le loyer de la maison où on logeait depuis ce moment, nous avons dû déménager à la maison de mon frère pour vivre avec sa femme traitresse et meurtrière. Au demeurant si on savait ses actes odieux, on ne l'aurait pas côtoyée un seul instant sous un même toit. Moi, actuellement j'ai la charge du fils unique de mon frère, sa protection et son éducation au milieu de mes petits-enfants. Comme l'argent est la propriété de mon défunt frère, c'est son fils légitime qui en hérite ; je le lui conserverai et en dépenserai pour ses frais scolaires jusqu'à ce que Dieu prenne en charge mon mari par un emploi qui nous protège contre l'indigence et le besoin.

Baraket apprit que l'argent qu'il a donné à la sœur de son ami est arrivé au bon moment car il a constaté les signes de la misère et de la détresse apparents sur son visage, sur celui de son mari et sur les murs sombres de la maison ; une question quelque peu déroutante s'est posée à lui, il l'a timidement posée disant aux deux époux :

- Je m'excuse de mon indiscrétion mais comme je l'ai appris du défunt Abu-Yacine, il avait ramené avec lui beaucoup d'argent et d'or où est passée toute cette fortune ?

Oum-Maher laissa échapper un soupir de douleur provenant des profondeurs de son cœur meurtri disant :

- Celui qui a les mains entachées de sang ne verra aucun inconvénient à voler, piller, tromper et mentir… le matin suivant cette nuit Oum-Yacine est venue me voir portant un sac contenant une petite somme d'argent qu'elle m'a remise arguant que mon frère me l'aurait transmise avec un envoyé de sa part depuis l'Arabie-Saoudite, je me suis étonné de la modicité de la somme, je pensais que le travail depuis des années au Golfe procurerait un argent abondant ! mais elle m'a informée que l'envoyé lui avait fait parvenir une lettre de mon frère lui disant qu'il n'avait pas trouvé un travail bien rémunéré en exil pour être parti sans documents officiels c'est pourquoi il ne gagne pas beaucoup d'argent, m'informant qu'elle n'avait gardé pour elle et pour leur fils selon sa recommandation que le double de ce que j'avais reçu moi et qu'elle le dépenserai à payer les arriérés de dettes de loyer accumulées et le reste à subvenir à ses besoins et ceux de Yacine en attendant que mon frère rentre de son exil ; je l'ai crue et j'ai accepté la somme qui ne suffit à nos besoins que pour quelques mois seulement pour nous retrouver en train de nous débattre à nouveau dans les filets de la pauvreté et de la misère de même que je n'ai jamais su la réalité de ce que mon frère a rapporté avec lui d'Arabie-Saoudite !

L'homme reçut la plainte de la femme sur la dureté de leur vie avec chagrin et affliction et dans sa tête naquit une bonne idée et avant de la révéler il interrogea :

- Au fait où est Yacine, je ne l'ai pas vu depuis que je suis arrivé ?

- Il regarde la télévision avec mes enfants, je vais le ramener ! La femme disparut pour quelques instants puis réapparut tenant l'enfant qui dès qu'il vit Baraket lui ouvrir ses bras pour l'étreindre se mit à courir vers lui et se sont étreints l'un l'autre comme l'enfant étreint son père. L'homme sentit son cœur se briser pour le fils de son ami devenu soudain orphelin ne cessant de poser des questions sur sa mère qui a trahi son père il y a sept ans, le privant de son affection à lui et de son affection à elle en raison de sa terrible trahison ; il est resté seul à l'avenir et au sors incertains sauf que Baraket ne peut accepter que le fils de son ami qui, bien que décédé restera son bienfaiteur jusqu'à la fin des temps, puisse vivre dans la pauvreté et la misère. Il a proposé à sa tante de faire déménager toute sa famille avec lui à Damas afin que son mari puisse travailler dans la société de transport et elle dans l'atelier de couture avec ses sœurs en vue d'une vie meilleure pour eux tous afin que Yacine puisse rester proche de lui, qu'il puisse le prendre en charge et subvenir à toutes ses dépenses jusqu'à sa majorité. Après consultation et réflexion, les époux acceptèrent l'offre et suivirent Baraket à Damas deux semaines après son retour ; il leur offrit l'un de ses appartements et leur garantit un emploi respectable pour subvenir à leurs besoins. Quant à Yacine, le moins qu'on puisse dire est qu'il a bénéficié d'une vie de luxe au sein de la famille de Baraket qui s'engagea devant Dieu et devant la mémoire de son défunt ami de prendre soin de son propre sang et de le considérer comme l'un de ses propres enfants tant qu'il sera en vie pour rendre ne fut-ce qu'une petite partie des services de l'ami bienfaiteur ; malgré tout ce qu'il a consenti comme sacrifices en réponse à ses bienfaits, il reste que le sentiment de négligence envers son brave ami qui est à l'origine de son enrichissement et a mis fin à sa pauvreté et à sa misère n'a pas cessé de le préoccuper dans son for intérieur, l'incitant à réaliser en sa mémoire un forage dans l'une des contrées éloignées de la périphérie de Damas dont les habitants souffrent de la sécheresse pour servir d' « acte de charité pérenne » au profit de l'âme noble du défunt..

Printed by Books on Demand GmbH, Norderstedt / Germany